CODICIADOS JÓVENES Y ADOLESCENTES

ANUARD MICHELÉN

Responde esta pregunta: ¿Te sientes especial, por qué?

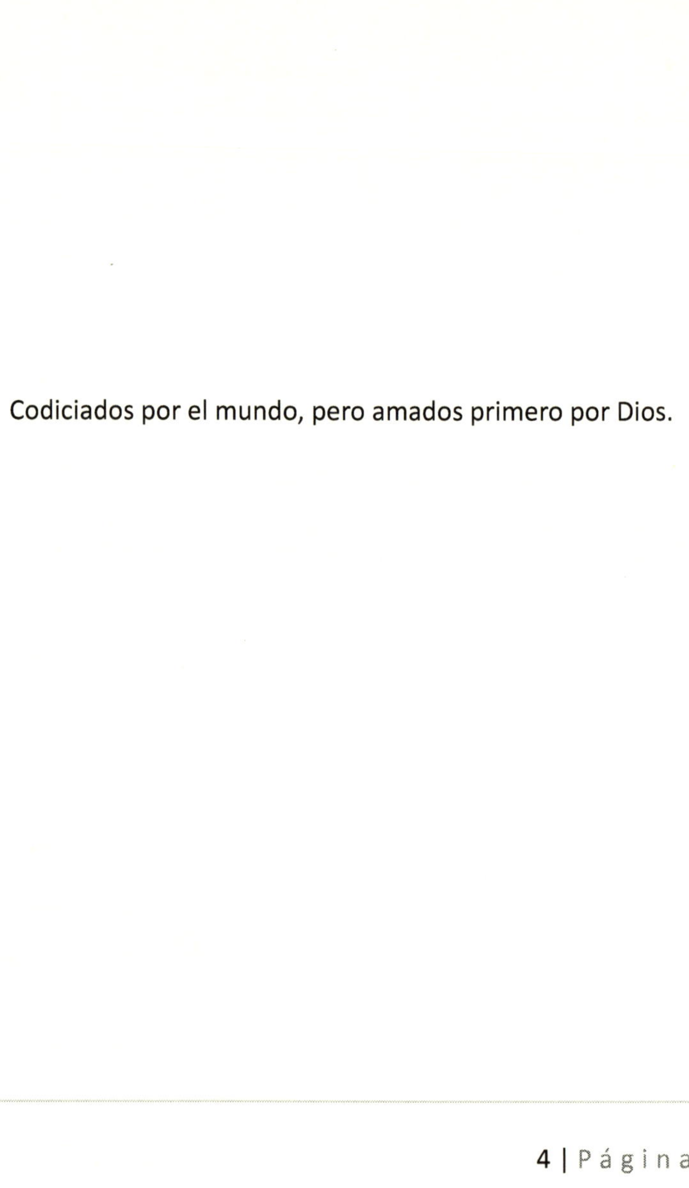

Codiciados por el mundo, pero amados primero por Dios.

Codiciados: Jóvenes y Adolescentes

Diseño de portada: Michelen Studios

Este pequeño manual es una joya de fácil entendimiento literario, creo con todo el corazón que tú vida será desafiada como joven a no caer en las aguas turbulentas que esta sociedad lanza contra los más vulnerables, por su falta de experiencia en la vida los jóvenes son muy atacado, el mundo desea darte una falsa identidad, así que el manual que tienes en las manos te ayudará a reenfocarte no en quien la sociedad dice que eres y como tienes que vivir, sino en como Dios te creo como un ser auténtico y único, solo tú puedes vivir la vida que Dios creo para ti, y si no la vives tú, no lo hará nadie más, así que te ánimo a que las palabras de este corto libro de rápida lectura te inspire a ser un ganador.

Pastor Junior Alexander Cuello.
Máster en cultura hebrea, fundador y director de CEBICAT.

Cuando leo codiciados en la pluma de Michelén veo una narrativa que todo púber o joven debe leer, son muchas las trampas que acechan a nuestros jóvenes y al abrir este libro encontrarán lámparas y espadas para iluminar su pensamiento y pelear en la vida.

Samuel Solís
Pastor y educador.

Sobre el Libro "Codiciados" Conozco a este talentoso joven, Anuard Michelén, desde hace varios años. Su manera ejemplar de comportamiento y el compromiso que aplica a todo lo que toca le da el carácter moral para hablar de esta forma en este libro.

Debo admitir que inicié a leerlo y no pude detenerme hasta el final. Es un material con una riqueza inigualable y consejos atinados para la generación a la que desea alcanzar e incluso la mía, que va un poco más adelante. Nuestros jóvenes y adolescentes están siendo asediados a diario por situaciones (en las redes sociales, su propio entorno físico y las comparaciones constantes) que los hacen creer que su vida no es completa ni correcta en la forma en que está, y le genera un nivel estrés y ansiedad que puede incluso llevarlos a caer en prácticas no santas y que los alejan cada vez más de Dios.

CODICIADOS viene en el tiempo perfecto y nutrido de un condimento poderoso que es La Palabra de Dios como fuente primaria. Reconozco y recomiendo este libro para todo joven y adolescente, deben saber que hay salida, que tienen opciones y que el Señor Jesús está dispuesto y disponible para ellos siempre.

Esteban Ramírez Jiménez
Pastor Iglesia Jerusalén 1era.

Todo ser humano en su crecimiento integral ha de necesitar alguna guía o parámetro a seguir para estar lo más saludable posible. Para cada área de su vida es necesario. En este sentido la herramienta que nuestro líder Anuard Michelén nos presenta, busca el mismo objetivo. En el ministerio juvenil todo joven necesita crecer y llegar a la madurez en Cristo. CODICIADOS nos presenta consejos útiles que nos ayudarán.

En un mundo donde estamos siendo bombardeados por el sistema del Hedonismo, la vida rápida, el valor de las cosas y la persona a la inversa, **CODICIADOS** nos enfoca al sentido correcto de vivir en el Señor y cómo jóvenes ejemplares.

Pablo en sus consejos a Timoteo le dijo:

Ocúpate en la lectura, la enseñanza y la exhortación. En este libro encontraremos consejos útiles que nos hagan crecer en lo emocional, social, intelectual, psicológico y espiritual.

DIOS nos anhela y quiere ayudarnos a ser ejemplo a otros. Y Para este tiempo ha levantado líderes como Anuard para ayudar a otros y plasmar consejos útiles que dirijan a la juventud por el camino del evangelio.

CODICIADOS será de mucha bendición.

Gracia y Paz
Pastor Kenny B. Gómez M.

Cuando el amado Anuard me hablo de leer el borrador de su libro y emitir una opinión, como líder Nacional del ministerio de jóvenes de Asamblea de Dios, me sentí tan identificada con estos temas que desglosa este libro con un nombre que llamó poderosamente mi atención **"Codiciados, jóvenes y adolescentes"** es justo lo que a diariamente trabajamos en nuestras iglesias y actividades, la identidad, influencia de la música secular, presión social etc. no se los voy a contar porque tienen que leerlo, lo recomiendo, tanto a jóvenes, adolescentes y padres. Cuando inicia ya te lo lees entero porque apenas tiene 52 páginas y es tan interesante que no puedes dejar de leer hasta que te lo acabas.

Así es que felicito a mi hermano Anuard Michelén, por esta joya de libro que sin duda el Espíritu Santo le llevó a escribir porque más que un libro diría que es hasta una herramienta de consulta.

Codiciados, no dejen de leerlo.

¡¡Bendiciones!!

Deidris King Castillo
Presidente Nacional Embajadores de Cristo Republica Dominicana

Prólogo

En mi experiencia de más de una década trabajando con jóvenes y adolescentes en este tiempo postmoderno, he comprendido que se necesita un liderazgo juvenil preparado para ganar y discipular la juventud para Cristo. Siendo capacitados para comprender sus necesidades, su cultura, y estar dispuestos a utilizar una variedad de medios para lograrlo y así forjar un ministerio juvenil más efectivo que responda a los retos de este siglo.

El objetivo de este libro de mi hermano y ministro **Anuard Michelén**, es orientar y equipar jóvenes y adolescentes comprometidos con la iglesia, entendiendo que cada persona está dotada de talentos y dones, los cuales, en las manos de Dios, se convierten en un instrumento de bendición para el reino y más poderoso es cuando se forma a cada individuo que tiene estos recursos especiales en base a la visión y misión de la iglesia.

Desde sus inicios, la iglesia y la juventud están comprometida con el cumplimiento de la gran comisión. La guía del Espíritu Santo, el desarrollo de una vocación misionera y la formación de obreros y líderes, siendo ejes fundamentales para convertirnos en lo que hoy somos como iglesia y ministerios.

El Señor nos impulsa a seguir con la tarea de ir y hacer discípulos. Este libro **CODICIADOS** es una respuesta de Dios para impulsar su reino en aras de dotar al ministerio de una herramienta actualizada y efectiva en el tema de **JÓVENES Y ADOLESCENTES**, para continuar mejorando el trabajo que realizamos desde la iglesia, dando respuestas puntuales a situaciones y circunstancias que han marcado generaciones, para aplicar las reformas necesarias en las vidas de nuestros jóvenes y adolescentes, donde la renovación hará que un futuro glorioso se comience a vislumbrar en cada iglesia y ministerio juvenil de la República Dominicana, el Caribe, Latinoamérica y Estados Unidos.

Como Director de Jóvenes y Educación Cristiana en el país y la región del Caribe, agradezco a Dios por esta obra, publicada en este tiempo para bendecir y edificar nuestra generación, porque el escritor no es un simple observador o investigador de los eventos descritos en este libro, sino parte integral de la vida de la iglesia y la juventud, que ha ayudado a construir de forma laboriosa y espiritual, en la vida de los jóvenes y adolescentes ministerios saludables y de bendición para la congregación.

Rev. Juan Francisco Confesor.

Director de Juventud y Educación Cristiana de la Región del Caribe y la República Dominicana, del Concilio de la Iglesia de Dios.

Biografía

Anuard Michelén, nacido en San Juan de la Maguana el 26 de enero de 1991, es un apasionado servidor en el ministerio juvenil. A sus 32 años, ha dedicado más de 15 años de su vida a trabajar con jóvenes y adolescentes, inspirándolos y guiándolos en su camino de fe.

Sus primeros pasos en el ministerio se dieron en el Ministerio Exploradores del Rey como guía mayor, en San Juan de la Maguana, donde fue guía mayor en dicho ministerio. Mas adelante, llega la oportunidad de servir en el ministerio de jóvenes y adolescentes, esto fue posible gracias al apoyo y la confianza del Pastor Samuel Solís y del líder de adolescentes, Oseas Encarnación, en la Iglesia Asamblea de Dios Central, hoy conocida como Iglesia Casa de Oración Vida Nueva. Durante ese tiempo, Anuard tuvo la oportunidad de organizar eventos y participar en diversas actividades ministeriales.

Al trasladarse a Santo Domingo, se congrega en la Iglesia Asamblea de Dios Jardines del Norte, bajo el liderazgo pastoral del Pastor Pedro Ramón Gómez y la Pastora Blanca Margarita de Gómez. Allí continuó sirviendo en el ministerio de jóvenes, gracias a la oportunidad brindada por otros líderes locales, especialmente Ingrid Tavera de Coronado, quien le dio un papel activo en el ministerio local.

En el año 2016, Anuard se convirtió en el presidente de jóvenes y fundó el ministerio juvenil FIRMES, junto con otros líderes juveniles comprometidos. Desde entonces, ha seguido sirviendo a su iglesia local y al ministerio de jóvenes de las Asambleas de Dios los Embajadores de Cristo, desempeñando roles clave como director seccional oeste central 2, subdirector para la sección Oeste Central 2 y encargado de tecnología en la Comisión de Educación Nacional.

Además de su dedicación al ministerio juvenil, Anuard también ha construido una hermosa familia. Está casado desde hace 7 años con la doctora Mariel Tejeda Medina de Michelén, y juntos son padres orgullosos de su hijo Asaf Michelén Tejeda, de 5 años.

Con un corazón apasionado por Dios y una profunda convicción de que los jóvenes pueden marcar la diferencia en el mundo, Anuard Michelén continúa desafiando y guiando a la próxima generación a vivir una vida de fe, propósito y servicio. Su compromiso y liderazgo son un testimonio de su amor por Dios y por aquellos a quienes sirve.

Dedicatoria:

A mi Señor Jesucristo, por tener misericordia de mi cada día y darme la oportunidad de servirle, aun con mis defectos, su gracia y amor me sostienen, no lo merezco Señor más heme aquí yo iré.

A mi amada esposa Mariel y mi hijo Asaf, por su apoyo incondicional, por soportarme cuando solo les hablo del ministerio, de ideas y mis quejas, por ayudarme aterrizar y mantener mis pies en la tierra, por no reclamarme y esperar pacientemente, ¡gracias por enseñarme cada día que la familia es el primer ministerio, los amo!

A mi madre, Maribel Ramirez de Michelén, por ser el instrumento que Dios uso para sembrar la semilla del evangelio en mi vida, gracias mami por tus consejos y por todo lo que has soportado a tu hijo. Sion mami.

Gracias Dios por mi papá, el Ing. Winston Jorge Michelén Nannum, sé que el estaría muy orgulloso de leer este libro, hoy no es posible, pero quiero que otros sepan que del viene este talento de escribir, me siento orgulloso de ser llamado su hijo.

A mis hermanos, Yasser, Jorge, Marcos y Mayker por colaborar cuando los he necesitado, ¡por ayudarme en los tantos proyectos que me invento y dedicarme su tiempo, gracias, mis hermanos!

A mis amigos, por hacerle caso a este loco con todas sus ideas, por ayudarme a entender que todo es despacio, por brindarme su confianza y consejos en el ministerio y lo personal. Gracias Wander, Riky, Yadir, Glorys, Jholenny, Dariel, Jhonny y muchos más, sé que la lista es larga y especial.

A todos los jóvenes y adolescentes a quienes he tenido el privilegio de servir en los últimos años. Su pasión, energía y valentía son una fuente constante de inspiración.

Que cada página de este libro les recuerde que son seres extraordinarios, capaces de lograr cosas grandiosas. Mi deseo es que encuentren en estas palabras las herramientas y el estímulo necesario para cultivar frutos dignos de imitar y admirar.

Que sus vidas sean un testimonio vivo de amor, valentía y resiliencia. Que cada paso que den sea un paso hacia la plenitud y la realización de una vida que no tiene nada de qué avergonzarse.

¡A los jóvenes y adolescentes, quienes están destinados a marcar la diferencia en este mundo! Este libro está dedicado a todos ustedes.

"Les he escrito, jóvenes, porque ustedes son fuertes, tienen la palabra de Dios arraigada en sus corazones y han vencido al maligno" ***1 Juan 2:14b***

Con gratitud y esperanza,

Anuard Michelén

Contenido

Introducción

¡A ustedes, jóvenes y adolescentes codiciados!

¿Alguna vez has sentido que el mundo te busca con desesperación y te ofrece cosas que parecen geniales, pero en realidad te llevan por un camino equivocado? Pues bien, este libro está especialmente diseñado para ti. Aquí, vamos a explorar juntos las trampas y desafíos a los que nos enfrentamos en nuestro día a día.

Desde la música que tanto amamos y la influencia que ejerce en nuestros gustos, hasta la moda, los medios de comunicación y las redes sociales que nos bombardean sin descanso con ideas distorsionadas sobre cómo deberíamos ser y qué deberíamos tener.

En los siguientes capítulos, vamos a desenmascarar todas esas influencias que nos rodean. Vamos a hablar de la presión social que nos empuja a encajar en moldes irreales, de cómo la industria musical nos manipula con sus estrategias de marketing, y de cómo la imagen corporal y la autoestima pueden verse afectadas por la obsesión por el consumo y la publicidad.

Pero no nos quedaremos solo en los problemas. También vamos a explorar juntos soluciones prácticas para que podamos tomar decisiones informadas, construir relaciones saludables y proteger nuestra salud mental en medio de todo este caos.

A lo largo de este viaje, vamos a descubrir cómo desarrollar una identidad sólida y resistente a las influencias negativas, y cómo nuestra fe puede ser un pilar importante en nuestra vida. Vamos a aprender a valorarnos tal como Dios nos ha diseñado, a establecer límites saludables y a enfrentar los desafíos con valentía y autenticidad.

En "Codiciados: Jóvenes y Adolescentes", encontrarás consejos prácticos e inspiradores y actividades para que puedas poner en práctica lo que aprendamos juntos. Queremos que te sientas empoderado, capaz de tomar decisiones que te lleven por el camino correcto y a construir un futuro lleno de esperanza y realización.

Así que, ¿estás listo para embarcarte en esta aventura? Este libro es un llamado para ti, joven codiciado, para que descubras tu potencial y enfrentes los retos con confianza. Juntos, podemos desafiar las expectativas del mundo y construir una vida en la que nos sintamos auténticos y felices.

¡Adelante, jóvenes codiciados! Este es nuestro momento para brillar.

Capítulo 1: Presión de la Sociedad: Chicos y Chicas en el Foco

Explora la presión social que enfrentas como joven o adolescente para encajar en los estándares de la sociedad y cómo esto puede afectar tu bienestar emocional y tu desarrollo personal.

¡Mi gente!

Hoy vamos a hablar de algo que seguro te resulta muy familiar: **la presión social**. Sí, ese monstruo que parece estar siempre acechando en las sombras, esperando el momento perfecto para atacar y hacerte sentir que no encajas en este mundo.

Imagínate esto: estás en la escuela, en el instituto, universidad o incluso en tu propia iglesia, rodeado de personas que parecen tener todo bajo control. Miras a tu alrededor y ves a chicos y chicas que encajan perfectamente en los estándares de belleza, popularidad y éxito que la sociedad ha establecido. Y, de repente, sientes como si tú no encajaras. Como si algo en ti estuviera mal.

Déjame decirte algo muy importante: no estás solo en esto. Cada uno de nosotros ha sentido esa presión aplastante en algún momento. Nos han hecho creer que, para ser aceptados y valorados, debemos ser como todos los demás. Pero déjame decirte algo aún más importante: **¡es una mentira!**

La verdad es que eres único y maravilloso tal como eres. No necesitas ser una copia de nadie para ser valioso. La sociedad nos bombardea constantemente con imágenes y mensajes que nos dicen cómo deberíamos ser, cómo deberíamos vestir, cómo deberíamos actuar. Pero la realidad es que hay una única forma "correcta" de ser.

Quiero que mires al espejo ahora mismo y te digas a ti mismo: "Soy especial, soy único y no tengo que cambiar para encajar en los moldes de la sociedad, soy hijo de Dios". ¡Créelo, porque es verdad!

La presión social puede afectar profundamente nuestro bienestar emocional y nuestro desarrollo personal. Nos hace dudar de nosotros mismos, nos lleva a compararnos constantemente con los demás y nos impide ser auténticos. Pero no tenemos que permitir que eso suceda.

Es hora de tomar las riendas de nuestra propia vida y abrazar la identidad que Dios nos ha dado. Aprender a amarnos y aceptarnos tal como Dios nos diseñó es el primer paso hacia la verdadera felicidad. No permitas que las expectativas de los demás te definan. Eres más que suficiente, justo como eres.

Recuerda también que Dios, nuestro Creador, es el arquitecto de nuestra identidad. Él nos ha diseñado de manera única y especial. Tenemos un propósito divino en este mundo y debemos proteger nuestra identidad teniendo una relación personal con Él. Al conocer a Dios y descubrir quiénes somos en Su amor, encontraremos un fundamento sólido que nos ayudará a resistir la presión de la sociedad y a vivir con autenticidad.

No te digo que será fácil. No, la presión social es un monstruo persistente. Pero juntos, podemos enfrentarlo y superarlo. Compartamos nuestras experiencias, nuestras luchas y nuestras victorias. Apoyémonos mutuamente y recordémonos que no estamos solos.

Así que, querido joven y adolescente valiente, recuerda esto: no tienes que encajar en ningún molde establecido. Eres una obra maestra única y tienes un propósito increíble en este mundo. No dejes que la presión social te detenga. Brilla con la luz que vive en ti y sé el protagonista de tu propia historia.

No se amolden al mundo actual, sino sean transformados mediante la renovación de su mente. Así podrán comprobar cuál es la voluntad de Dios, buena, agradable y perfecta.
Romanos 12:2

En el siguiente capítulo, vamos a adentrarnos en el fascinante mundo de la industria musical y cómo nos afecta. Prepárate para descubrir cómo esta industria invierte en nosotros de una forma que no siempre es positiva.

Recuerda, eres valioso y especial. No dejes que nadie te diga lo contrario.

¡Adelante, joven valiente! Este es tu momento para brillar.

Capítulo 2: La Industria Musical: Influencia y Manipulación

Analiza cómo la industria musical utiliza estrategias de marketing y manipulación para influir en tus gustos, comportamientos y actitudes como joven, y cómo esto puede tener un impacto negativo en tu identidad y valores.

¡Seguimos activo mi gente!

Hoy vamos a sumergirnos en un tema que nos afecta a todos: la industria musical y su poderosa influencia sobre nosotros. ¿Alguna vez te has preguntado por qué ciertas canciones se vuelven tan populares de la noche a la mañana? ¿O por qué algunos artistas parecen tener el control de nuestras emociones y decisiones?

La verdad es que la industria musical es mucho más que solo música. Es un negocio gigante que utiliza estrategias de marketing y manipulación para moldear nuestros gustos, comportamientos y actitudes. Nos venden una imagen de lo "lo chulo" y nos convencen de que debemos seguir la corriente para encajar y ser aceptados.

Pero ¿a qué precio?

La industria musical invierte millones de dólares en estudios de mercado, análisis de tendencias y publicidad para descubrir qué es lo que "vende" en el mercado juvenil. Nos bombardean con canciones pegajosas, videoclips llamativos y mensajes que apelan a nuestras emociones más profundas.

El problema es que a menudo estas estrategias están diseñadas para manipularnos, para hacernos sentir insatisfechos con lo que somos y para presionarnos a seguir las modas y comportamientos que nos imponen. Nos venden una versión estereotipada de lo que significa ser "vacano" o "exitoso", y nos convencen de que solo alcanzaremos la felicidad y la aceptación si nos ajustamos a esos estándares.

Pero, queridos amigos, la verdadera autenticidad no se encuentra en la copia de alguien más. No somos productos que deban ser moldeados y vendidos al mejor postor. Somos seres humanos únicos, con valores, sueños y talentos propios. Dios nos ha creado de manera especial, y debemos proteger nuestra identidad y nuestros valores.

No digo que toda la música o los artistas sean negativos. Hay muchos artistas increíbles que expresan mensajes poderosos y positivos a través de su música. La clave está en ser conscientes de las intenciones detrás de lo que escuchamos y consumimos. No dejemos que la industria musical defina quiénes somos o qué es lo que valoramos.

Es hora de tomar el control de nuestra propia banda sonora. Elijamos conscientemente las canciones que escuchamos, investiguemos las letras y los mensajes que transmiten. No nos conformemos con lo que nos imponen, busquemos artistas y canciones que nos inspiren, que hablen de amor, esperanza y valores auténticos, que promuevan los valores y principios establecidos por Dios, esa música es vida para nuestros oídos. Escuchemos lo que nos edifica y solo lo que nos entretiene.

La música es un arma poderosa que tiene el poder de captar nuestra atención y afectar nuestras emociones de una manera única. Es un lenguaje universal que trasciende barreras y conecta directamente con nuestros corazones y mentes. La industria musical lo sabe, y utiliza esta herramienta para influir en nuestros gustos, comportamientos y actitudes.

Las melodías pegajosas y los ritmos vibrantes nos envuelven y nos transportan a un mundo lleno de emociones y sensaciones. La música se convierte en una banda sonora de nuestras vidas, moldeando nuestras experiencias y formando parte de nuestros momentos más significativos. Es importante reconocer esta influencia y ser selectivos en nuestras elecciones musicales, asegurándonos de que las canciones que escuchamos sean un reflejo de nuestros valores y contribuyan a nuestro crecimiento espiritual y personal.

Recuerden, queridos jóvenes, que ustedes tienen la mente de Cristo. No permitan que la industria musical les dicte lo que deben pensar, sentir o valorar. Tengan la valentía de ser selectivos en su elección de música y de ser críticos con las influencias que permiten en sus vidas.

En el próximo capítulo, exploraremos cómo la industria del entretenimiento en general invierte en nuestra juventud y cómo podemos ser conscientes de su impacto en nuestro desarrollo personal. ¡Prepárense para descubrir cómo resistir la manipulación y mantenerse fieles a ustedes mismos en un mundo de influencias poderosas!

Recuerden, ustedes no son marionetas de la industria musical. Son seres valiosos, con sueños y potencial infinito. ¡No permitan que nadie les robe su verdadera identidad!

¡Hasta la próxima, jóvenes guerreros de la autenticidad!

Capítulo 3: La Trampa de la Imagen: Moda, Medios y Autoestima

Examina cómo la moda, los medios de comunicación y las redes sociales pueden influir en tu percepción de la belleza y tu autoestima como joven, en este capítulo encontraras herramientas para desarrollar una imagen corporal saludable y una autoestima sólida.

¡Vamo' allá!;

En este capítulo, vamos a hablar sobre algo que todos hemos experimentado en algún momento de nuestras vidas: la influencia de la moda, los medios de comunicación y las redes sociales en nuestra percepción de la belleza y nuestra autoestima. Estoy seguro de que has notado cómo se nos bombardea constantemente con imágenes "perfectas" y estándares inalcanzables de belleza.

La moda nos rodea en todas partes. Las revistas, los anuncios y las pasarelas nos muestran cuerpos y rostros que parecen ser la definición de la perfección. A menudo nos sentimos presionados a seguir las tendencias, a lucir ciertos tipos de ropa y a encajar en los estándares impuestos por la industria de la moda. Pero déjame decirte algo importante: la verdadera belleza no se encuentra en la ropa que usamos o en nuestro aspecto físico. La belleza radica en nuestra autenticidad, en nuestra personalidad y en cómo tratamos a los demás.

Los medios de comunicación, como la televisión, las series y las películas, también juegan un papel importante en la forma en que nos percibimos a nosotros mismos. A menudo se nos muestra una imagen distorsionada de la realidad, donde solo se valora un tipo de cuerpo o una apariencia en particular. Esto puede generar inseguridades y afectar nuestra autoestima. Pero recuerda, las personas que ves en la pantalla son actores y actrices que pasan por horas de maquillaje y edición para lograr esa apariencia "perfecta". ***No te compares con ellos, porque tú eres único/a y hermoso/a pero a la manera de Dios, descúbrela con una relación íntima con él.***

Y luego están las redes sociales, ese mundo virtual en el que pasamos gran parte de nuestro tiempo. A través de las redes sociales, podemos ver las vidas "perfectas" de los demás, sus cuerpos tonificados, sus caras siempre sonrientes y sus viajes increíbles. Pero ¿adivina qué? La mayoría de las veces, esas imágenes no cuentan la historia completa. Las personas solo muestran lo mejor de sí mismas en línea, ocultando las luchas y los momentos difíciles. No te dejes engañar por esas apariencias, porque todos tenemos nuestras propias batallas internas y nadie es perfecto.

Ahora, aquí viene lo importante: **¡tú eres más que tu apariencia!** No permitas que la moda, los medios de comunicación o las redes sociales definan tu autoestima. Eres valioso/a por quién eres en el interior, por tus cualidades, talentos y la forma en que tratas a los demás. En lugar de enfocarte en cumplir con los estándares externos, dedica tiempo a desarrollar tus habilidades, a cultivar relaciones significativas y a construir una autoestima sólida basada en tus logros, en aceptar tus errores, en amar a Dios y tu amor propio.

Una herramienta fundamental para desarrollar una imagen corporal saludable y una autoestima sólida es practicar el amor propio. Aprende a valorarte a ti mismo/a, a aceptar tus imperfecciones y a tratarte con amabilidad y compasión. Rodéate de personas que te apoyen y te animen a ser tú mismo/a. Busca modelos a seguir en aquellos que valoran y practican la integridad y promueven los valores instruidos por Dios.

Recuerda que la belleza real no se trata de tener un cuerpo perfecto o de encajar en un molde establecido por otros. La verdadera belleza se refleja en la confianza en uno mismo, en la autenticidad y en la capacidad de amar y ser amado/a.

En el próximo capítulo, descubriremos cómo podemos establecer límites saludables en nuestras vidas y cuidar de nuestra salud mental y emocional. ¡Prepárate para liberarte de las expectativas y descubrir tu propia versión de la belleza y la felicidad!

Hasta pronto, jóvenes valientes. Recuerden, ustedes son únicos y hermosos tal y como son. ¡Nunca dejen que nadie les diga lo contrario!

Capítulo 4: Adicciones Encubiertas: Drogas, Alcohol y Porno

Enfrenta el tema de las adicciones y los comportamientos de riesgo a los que te puedes ver expuesto/a como joven o adolescente, aquí encontraras consejos para prevenir y abordar estos problemas, fomentando un estilo de vida saludable.

¡Se que puedes lograrlo!

Hoy vamos a abordar un tema que puede ser difícil de discutir, pero es crucial para nuestra salud y bienestar: las adicciones y los comportamientos de riesgo. En esta era de libertad y experimentación, es importante que estemos informados y preparados para enfrentar los desafíos que pueden surgir en nuestro camino.

Las drogas y el alcohol son tentaciones que pueden parecer emocionantes y divertidas, pero debemos entender los peligros y las consecuencias que conllevan. Estas sustancias pueden engañarnos y atraparnos en un ciclo destructivo. Pero quiero retarte a ser diferente, a tomar decisiones conscientes y responsables.

Nuestra vida es demasiado valiosa para desperdiciarla en drogas y alcohol. Quiero que entiendas que no necesitas esas sustancias para ser aceptado/a, para sentirte bien contigo mismo/a o para divertirte. Eres suficiente tal y como eres, sin la necesidad de recurrir a estas adicciones.

Eres valioso/a tal y como eres, con todas tus cualidades, talentos y dones. No permitas que la presión social o las expectativas de los demás te hagan creer lo contrario. La verdadera aceptación y felicidad no se encuentran en una botella o en una sustancia que altera tu mente y tu cuerpo. Se encuentran en el amor propio, en reconocer tu propio valor y en abrazar tu autenticidad.

Recuerda, las adicciones son una ilusión que prometen alivio o placer momentáneo, pero al final te atrapan en un ciclo de dependencia y autodestrucción. No te engañes pensando que necesitas de ellas para ser aceptado/a o para encontrar la felicidad. Dios es suficiente y no hay necesidad de recurrir a estas adicciones.

Atrévete a vivir una vida llena de claridad y plenitud. Busca alternativas saludables para divertirte y disfrutar de tu adolescencia y juventud. Ríe con amigos verdaderos, descubre nuevos pasatiempos, explora tus pasiones y encuentra alegría en las experiencias auténticas y genuinas que la vida tiene para ofrecerte. Se que puedes lograrlo, tienes al Espíritu Santo de guía y ayuda. ¡Inténtalo!

Además, debemos hablar de otro tipo de adicción que a menudo se pasa por alto: la pornografía. En un mundo hiperconectado, es fácil caer en la trampa de la pornografía y sus efectos adictivos. No te juzgo si has caído en esta trampa, pero quiero desafiarte a liberarte de ella. La pornografía distorsiona nuestra percepción de las relaciones íntimas y puede afectar nuestra capacidad para establecer conexiones reales y saludables. Nos muestra una versión irreal y exagerada de la intimidad, creando expectativas poco realistas y alimentando fantasías que pueden dañar nuestras relaciones personales.

Quiero que entiendas que la verdadera intimidad y el amor auténtico van más allá de lo que ves en las pantallas. Son experiencias profundas y significativas que se basan en el respeto mutuo, la comunicación honesta y la conexión emocional. La pornografía no puede reemplazar ni replicar esas vivencias reales y significativas.

Pero aquí viene la parte desafiante: te animo a que tomes una postura valiente contra estas adicciones encubiertas. No te conviertas en una víctima de las drogas, el alcohol o la pornografía. Elige vivir una vida plena y saludable.

El primer paso para liberarte de estas adicciones es reconocer que tienes el poder de cambiar y de buscar una vida plena y saludable. Busca apoyo en personas de confianza, ya sean amigos, tus lideres, familiares o profesionales, quienes pueden ayudarte a navegar este camino.

¿Cómo hacerlo? Aquí van algunos consejos prácticos:

1. Conoce los hechos: Investiga sobre los efectos nocivos de las drogas, el alcohol y la pornografía en tu cuerpo, mente y relaciones. La información es poder, y cuanto más sepas, mejor preparado/a estarás para tomar decisiones informadas.

2. Establece límites: Aprende a decir "no" cuando te ofrezcan drogas o alcohol. No permitas que la presión de grupo te lleve por el camino equivocado. Recuerda que eres dueño/a de tus decisiones y que tienes el derecho de cuidarte a ti mismo/a.

3. Busca apoyo: Si sientes que estás luchando contra una adicción o un comportamiento de riesgo, no tengas miedo de pedir ayuda. Habla con un adulto de confianza, un consejero o busca grupos de apoyo en tu comunidad. No estás solo/a en esto y hay personas dispuestas a ayudarte.

4. Cultiva una vida saludable: Busca actividades que te apasionen y que te hagan sentir bien contigo mismo/a. Encuentra formas saludables de canalizar tus emociones y energía, como el ejercicio, la música, el arte o el voluntariado. Una vida llena de propósito y pasión es la mejor defensa contra las adicciones.

5. Ora: no por ser la última recomendación carece de importancia, pero es primordial que ores, ve delante de Dios y literalmente explícale tu problema, de manera sincera expresa que te gusta hacer algo que te está destruyendo y alejando de él y necesitas de su ayuda. Veras la diferencia, llévate de mí.

Recuerda, que tienes el poder de elegir qué tipo de vida quieres vivir. No dejes que las adicciones controlen tu futuro. Levántate, toma el control y vive la historia que Dios ha escrito sobre ti.

En el próximo capítulo, exploraremos el poder de la publicidad y el consumismo y como pueden influir en tu vida de manera significativa.

¡Sigue adelante y mantente firme!

Capítulo 5: "Cultura de Consumo: Publicidad y Materialismo"

Explora cómo la cultura de consumo y la publicidad pueden influir en tus decisiones de compra y en tus valores como joven o adolescente, aquí obtendrás una perspectiva y herramientas para fomentar un enfoque más consciente y equilibrado hacia el consumo.

Llegamos al capítulo 5, donde abordaremos un tema que está presente en nuestras vidas a diario: la cultura de consumo y la influencia de la publicidad en nuestras decisiones. Vivimos en un mundo donde constantemente se nos bombardea con mensajes persuasivos para comprar productos y creer que la felicidad se encuentra en tener más y más cosas.

Es importante que comprendamos que nuestras decisiones de compra no solo afectan nuestro bolsillo, sino también nuestros valores y nuestra relación con el mundo que nos rodea. No somos solo consumidores, somos seres con el poder de tomar decisiones conscientes y responsables.

La publicidad juega un papel clave en esta cultura de consumo, utilizando estrategias de persuasión para captar nuestra atención y crear una necesidad artificial de adquirir productos que muchas veces no necesitamos. Pero aquí viene el desafío para ti: ¿estás dispuesto/a a ser un/a consumidor/a consciente y a romper con esta cadena de consumo desenfrenado?

Te propongo un enfoque más equilibrado hacia el consumo. En lugar de dejarnos llevar por la influencia externa, vamos a tomar el control y ser más selectivos con nuestras compras. Aquí tienes algunas pautas que te ayudarán a ahorrar dinero para ocasiones oportunas y a adoptar un enfoque más consciente:

1. Define tus necesidades: Antes de realizar una compra, pregúntate si realmente necesitas ese producto. ¿Va a mejorar tu vida de alguna manera o es simplemente un impulso momentáneo? Reflexiona sobre tus verdaderas necesidades y prioridades.

2. Investiga y compara: Antes de realizar una compra importante, tómate el tiempo para investigar y comparar precios, características y opiniones de otros usuarios. Esto te permitirá tomar una decisión más informada y evitar gastos innecesarios.

3. Evita las compras por impulso: Resistir la tentación de comprar algo solo porque está de moda o porque todos los demás lo tienen puede ser un desafío. Recuerda que tu valor no se basa en las cosas que posees. Piensa dos veces antes de dejarte llevar por las modas pasajeras.

4. Establece metas de ahorro: Fija metas claras y alcanzables para ahorrar dinero. Puedes establecer un porcentaje de tus ingresos mensuales que destines al ahorro. Esto te permitirá tener recursos disponibles para ocasiones especiales o emergencias.

5. Practica el consumo responsable: Antes de deshacerte de algo, considera si aún puede tener algún uso o si puede ser reciclado o donado a alguien que lo necesite. Reducir, reutilizar y reciclar son acciones que contribuyen a un consumo más sostenible y responsable.

Además, quiero hablarte de la importancia de la generosidad y la práctica de la ofrenda. El dinero no solo debe ser utilizado para nuestro propio beneficio, sino que también podemos destinar parte de nuestros recursos para ayudar a otros y contribuir a causas que sean significativas para nosotros.

Ser generosos con nuestro dinero nos permite no solo bendecir la vida de otros, sino también experimentar la gratitud y la satisfacción que proviene de compartir con aquellos que lo necesitan. La práctica de la ofrenda nos enseña el valor de poner a otros antes que nosotros mismos y cultivar un corazón compasivo y generoso.

Considera destinar una parte de tus ingresos para apoyar proyectos sociales, organizaciones benéficas o causas que te toquen el corazón. Recuerda que no importa la cantidad, cada aporte suma y hace la diferencia en la vida de alguien más.

La generosidad y la práctica de la ofrenda no solo nos permite ayudar a otros, sino también nos abre las puertas a recibir bendiciones y oportunidades en nuestra propia vida. Confía en que, al sembrar en la vida de otros, estarás cosechando abundancia y bendiciones en tu propio camino.

Recuerda, tú tienes el poder de elegir y de cambiar la forma en que interactúas con el mundo del consumo. No te dejes llevar por la presión de la publicidad y el materialismo. Enfócate en lo que realmente importa y construye un estilo de vida basado en valores sólidos y decisiones conscientes.

En el próximo capítulo, nos adentraremos en el poder de las relaciones y la importancia de cultivar conexiones auténticas y significativas con las personas que nos rodean. ¡Prepárate para descubrir cómo construir vínculos sólidos y enriquecedores!

Recuerda, tú tienes el poder de hacer una diferencia en el mundo a través de tu generosidad. ¡Sigue adelante y sé un agente de cambio positivo en la vida de los demás!

Capítulo 6: "Desafíos en las Relaciones Personales: Amistades y Noviazgos"

Analiza los desafíos que enfrentas en tus relaciones personales, incluyendo amistades, noviazgos y el impacto de las redes sociales, encontraras consejos para establecer límites saludables, construir relaciones positivas y prevenir el acoso cibernético.

En el sexto capítulo, nos adentraremos en un terreno lleno de desafíos y emociones: las relaciones personales. Ya sea en nuestras amistades o en nuestros noviazgos, enfrentamos situaciones que ponen a prueba nuestra fortaleza, lealtad y capacidad para establecer límites saludables. ¡Es hora de hablar de ello!

Las amistades son un pilar fundamental en nuestra vida. Nos rodeamos de personas que comparten intereses similares, nos apoyan y nos animan a ser nuestra mejor versión. Pero también debemos aprender a reconocer las amistades tóxicas, aquellas que nos arrastran hacia abajo, nos manipulan o nos ponen en situaciones comprometedoras.

Es crucial establecer límites saludables en nuestras relaciones. No tengas miedo de decir "no" cuando algo no se siente bien o cuando tus valores se ven comprometidos. Tu bienestar emocional y mental debe ser tu prioridad.

En 1 Corintios 15:33-34, encontramos una advertencia poderosa: ***"No se dejen engañar: 'Las malas compañías corrompen las buenas costumbres'".*** Estas palabras nos recuerdan la importancia de elegir nuestras amistades sabiamente.

Tus amistades tienen un impacto directo en tu vida y en las decisiones que tomas. Si te rodeas de compañías que te arrastran hacia la oscuridad, que te incitan a comportamientos negativos o que te alejan de tus valores, es hora de tomar una postura valiente y alejarte de esas influencias dañinas.

Enfócate en mantener amistades que te inspiren a ser mejor, que te impulsen a crecer espiritualmente y que compartan tus principios y valores. Rodéate de aquellos que te desafíen a vivir una vida conforme a lo que es correcto y justo.

Si en algún momento te has dejado llevar por malas compañías, te insto a que vuelvas a tu sano juicio. Reconoce tus errores, aprende de ellos y toma la decisión de alejarte de los caminos del pecado. No permitas que la ignorancia de algunos te arrastre hacia abajo. Deja que tu conocimiento de Dios sea la guía que ilumine tu camino y te lleve hacia la verdad.

Cuando hablamos del noviazgo, es esencial comprender que como cristianos tenemos un propósito mayor en mente. No se trata solo de encontrar a alguien con quien pasar el tiempo o tener una relación superficial. Como seguidores de Cristo, nuestro enfoque debe estar en buscar una pareja que comparta nuestra fe y nuestros valores, alguien con quien podamos crecer juntos espiritualmente y edificar una relación fundamentada en el amor y el respeto.

Es normal sentir mariposas en el estómago y emociones intensas, pero también debemos ser conscientes de nuestras propias necesidades y respetar las de nuestra pareja. El respeto mutuo, la comunicación abierta y la confianza son la base de una relación sólida y saludable.

No debemos apresurarnos en buscar una relación sentimental solo por el hecho de no querer estar solteros. La etapa de la soltería es una oportunidad valiosa para enfocarnos en nuestro crecimiento personal, en fortalecer nuestra relación con Dios y en descubrir quiénes somos como individuos.

Aprovecha este tiempo para desarrollar tus talentos, perseguir tus sueños y construir una base sólida para tu futuro.

Recuerda que el amor verdadero no es solo un sentimiento pasajero, sino una decisión consciente de comprometerse con el bienestar y la felicidad de la otra persona. Busca a alguien que te inspire a ser la mejor versión de ti mismo/a, alguien con quien puedas construir una relación basada en la confianza, la comunicación y el apoyo mutuo.

Enfócate en cultivar una relación que esté arraigada en la fe y en el propósito de glorificar a Dios juntos. Ora por sabiduría y dirección, y confía en que Dios tiene un plan perfecto para tu vida amorosa. No te conformes con menos de lo que mereces, porque eres un hijo/a amado/a de Dios, y Él desea lo mejor para ti.

Es vital comprender que no tienes la facultad de convertir a alguien o de cambiar a las personas. Solo Dios tiene el poder de transformar corazones y guiar a las personas por el camino de la verdad. Cuidado con caer en la falsa idea de que tú puedes cambiar a alguien a tu gusto o convencerlos de seguir a Dios. El noviazgo no es el ministerio para eso, la predicación del evangelio sí.

Tu papel es ser una luz brillante que ilumine el camino, mostrar el amor de Cristo a través de tus acciones y palabras, y compartir la verdad de Su Palabra. Pero recuerda, la transformación es un trabajo divino que ocurre en el corazón de cada individuo.

En el mundo digital en el que vivimos, también debemos estar atentos al acoso cibernético. Las redes sociales pueden ser una herramienta maravillosa para conectarnos, pero también pueden convertirse en un escenario para el bullying y el acoso. No permitas que nadie te menosprecie o te haga sentir mal a través de las pantallas. Denuncia cualquier situación de acoso y busca el apoyo de adultos de confianza.

Recuerda, tú tienes el poder de elegir a quiénes permites entrar en tu vida. Rodéate de personas que te valoren, te respeten y te inspiren a crecer. No te conformes con menos de lo que mereces. Eres valioso/a y mereces relaciones positivas y enriquecedoras.

En el próximo capítulo, nos sumergiremos en el fascinante mundo de los sueños y las metas. Descubre cómo convertir tus sueños en realidad y trazar un camino hacia el éxito y la realización personal. ¡Prepárate para desafiar tus propios límites y alcanzar nuevas alturas!

Sigue adelante, joven valiente, y construye relaciones que te hagan brillar. ¡El mundo está esperando a que muestres tu verdadero potencial en Dios!

Capítulo 7: "Fortaleciendo la Fe: Espiritualidad y Resiliencia"

Explora cómo la fe puede ser un apoyo significativo para ti, joven o adolescente, en medio de las influencias negativas. Encontraras prácticas espirituales para cultivar una identidad sólida, desarrollar hábitos como la lectura de la Biblia, la oración y el ayuno, los valores arraigados a la fe y la importancia de desarrollar una resiliencia emocional.

Mi gente;

Llegamos al último capítulo de esta increíble travesía. Prepárate para fortalecer tu fe, desarrollar una espiritualidad profunda y cultivar una resiliencia que te llevará a superar cualquier obstáculo que se cruce en tu camino. Estás a punto de descubrir cómo la fe puede ser tu mayor apoyo en medio de las influencias negativas que te rodean.

Es hora de arraigar tu identidad en Cristo y nutrir tu relación con Él. La lectura de la Biblia se convertirá en tu faro de luz, donde encontrarás sabiduría, consuelo y dirección en cada página. No dejes que el polvo se acumule en tu Biblia, ábrela con entusiasmo y deja que las palabras de Dios te transformen desde adentro.

La oración se convertirá en tu arma más poderosa. No es solo un monólogo hacia el cielo, es un diálogo íntimo con el Creador del universo. Habla con Dios en todo momento, comparte tus alegrías, tus preocupaciones, tus sueños. Permítele ser tu confidente y tu refugio en medio de las tormentas de la vida.

El ayuno, aunque puede parecer desafiante, te llevará a un nivel más profundo de conexión con Dios. Al renunciar a ciertos alimentos o actividades durante un tiempo determinado, te enfocarás en buscar a Dios con todo tu ser. Descubrirás fortaleza en tus momentos de debilidad y experimentarás un crecimiento espiritual que te dejará maravillado.

Recuerda que los valores arraigados en tu fe son tu ancla en un mundo turbulento. No te dejes arrastrar por las corrientes de moralidad cambiante. Mantén firmes tus convicciones y deja que tus acciones reflejen tu fe en todo momento.

La resiliencia emocional será tu superpoder. No importa cuántas veces te caigas, siempre te levantarás con la ayuda de Dios. Aprende a lidiar con las dificultades y las decepciones sin perder tu confianza en Él. Convierte tus desafíos en oportunidades de crecimiento y deja que la fe en Dios te impulse hacia adelante.

Querido joven valiente, en este viaje hemos explorado diversos temas que impactan tu vida. Hemos desafiado las presiones sociales, examinado la influencia de la industria musical, reflexionado sobre la imagen y la autoestima, abordado las adicciones y los comportamientos de riesgo, explorado la cultura de consumo y las relaciones personales. Ahora, en este último capítulo, te invito a fortalecer tu fe y desarrollar una espiritualidad que te lleve a alcanzar nuevas alturas.

Recuerda, la vida es un camino lleno de obstáculos, pero con Dios a tu lado, no hay nada que no puedas superar. Mantén tu fe en alto, aférrate a la Palabra de Dios y vive una vida que refleje su amor y su poder transformador.

Nada mejor que la palabra de Dios para ti:

Huye de las malas pasiones de la juventud, y esmérate en seguir la justicia, la fe, el amor y la paz, junto con los que invocan al Señor con un corazón limpio. 2 Timoteo 2:22

Gracias por acompañarme en este viaje. ¡Que tu fe sea una luz brillante en este mundo y que tu resiliencia inspire a otros a perseverar en su caminar con Dios!

Con amor y gratitud; Anuard Michelén

Epílogo: Fortaleciendo Nuestra Identidad y Superando las Tentaciones

En este último capítulo, "Fortaleciendo Nuestra Identidad y Superando las Tentaciones", quiero recordarte lo valioso que eres y reafirmar el poder que tienes para enfrentar las tentaciones que puedan surgir en tu camino.

¿Por qué somos codiciados? Esta es una pregunta importante que hemos explorado a lo largo de los capítulos de este libro. Hemos visto cómo la sociedad, la industria musical, los medios de comunicación, la cultura de consumo y otros factores invierten recursos significativos para atraer nuestra atención y afectar nuestra forma de pensar, actuar y relacionarnos. Pero ¿qué podemos hacer al respecto?

Queridos jóvenes y adolescentes, la respuesta está en fortalecer nuestra identidad y resistir las tentaciones que nos rodean. Hemos descubierto que somos codiciados porque somos valiosos y llenos de potencial. Somos una generación con dones y talentos únicos, y el mundo reconoce eso. Sin embargo, también somos conscientes de las influencias negativas y destructivas que nos rodean.

A lo largo de este libro, hemos explorado estrategias para enfrentar la presión social, resistir la manipulación de la industria musical, cultivar una imagen corporal saludable, evitar adicciones, ser conscientes en nuestras decisiones de consumo y establecer relaciones personales sólidas y saludables. Hemos aprendido que la fe, la espiritualidad y la resiliencia son fundamentales para superar los desafíos y vivir de acuerdo con nuestros valores arraigados en la fe.

Recuerden, no necesitan caer en las trampas que el mundo les tiende. No necesitan buscar la aceptación de otros a través de comportamientos y decisiones perjudiciales. Son suficientes tal como son, creados a imagen de Dios, con un propósito único y valioso.

Es importante recordar que no tenemos la facultad de cambiar a los demás. Solo Dios tiene el poder de transformar corazones y vidas. No caigamos en la trampa de creer que podemos cambiar a las personas a través de nuestras acciones o influencia. En cambio, debemos centrarnos en nuestro propio crecimiento espiritual y confiar en que Dios obrará en la vida de los demás según Su voluntad.

Finalmente, los animo a mantener una relación personal con Dios, a través de la lectura de la Biblia, la oración y el ayuno. Estas prácticas espirituales nos fortalecerán y nos ayudarán a resistir las tentaciones y a vivir una vida centrada en Cristo.

Queridos jóvenes y adolescentes, el camino que elegimos no siempre será fácil, pero juntos podemos fortalecernos y apoyarnos mutuamente en nuestra búsqueda de una vida plena y llena de propósito. Mantengamos nuestras mentes y corazones enfocados en lo que es verdadero, noble, justo, puro, amable y digno de admiración.

En conclusión, no permitamos que el mundo nos defina o nos controle. Somos más fuertes de lo que creemos y, con la guía de Dios, podemos superar cualquier desafío. Mantengamos nuestra identidad arraigada en Él, resistamos las tentaciones y abracemos una vida de fe, resiliencia y propósito. Juntos, podemos marcar la diferencia en este mundo y vivir una vida codiciada por lo que realmente importa.

Son codiciados por el mundo, pero amados primero por Dios.

¡Adelante, jóvenes y adolescentes! Que sus vidas sean un testimonio vivo de esperanza, amor y transformación.

Ya que has termina de leer este libro. Responde nuevamente esta pregunta: ¿Te sientes especial, por qué?

Made in the USA
Columbia, SC
11 December 2023